석양은 산마루에 머뭇거리고

초판 1쇄 인쇄 | 2019년 03월 25일
지은이 | 곽경립
펴낸이 | 이승훈
펴낸곳 | 해드림출판사
주 소 | 서울 영등포구 경인로82길 3-4(문래동1가 39)
　　　　센터플러스빌딩 1004호(우편07371)
전 화 | 02-2612-5552
팩 스 | 02-2688-5568
E-mail | jlee5059@hanmail.net

등록번호　제2013-000076
등록일자　2008년 9월 29일

ISBN 979-11-5634-334-9

석양은 산마루에 머뭇거리고

곽경립 시집

봄, 여름, 가을, 겨울 그리고…

꽃피는 뜨락에 새들 노래하는 아침
비 그친 하늘 잎끝에 맺힌 물방울
노을 진 산자락에 흩어지는 단풍잎
창밖에 어지러이 날리는 하얀 눈
이 세상 모두가 아름다운 모습이지요.

해드림출판사

시집을 내면서 ___

붙잡고 싶은 것이 있었습니다

노을 진 하늘이 어스름에 젖어가고 있습니다.
이제 어둠이 모든 것을 감추어버리겠지요.
아픔도, 서러움도, 그리고 그리움마저…,

버리고 잊어야 할 때가 된 것 같은데
그래도 붙잡고 싶은 것이 남아있는 것 같습니다.

삶이 흔들릴 때마다 간절한 기도에 의지하듯
한 줄의 글을 써보았습니다.

얼굴이 달아오릅니다. 마음을 들켜버린 것처럼
가슴은 두근거리고 몸이 떨려옵니다.

갑자기 부끄러움이 휘감아듭니다.
마음에 담아두려 했던 생각을
하소연 하듯 말하고 난 뒤엔
괜한 짓을 했다고 후회할지라도
어차피 누군가에게 한 번은 말하고 싶었기에
용기를 내어 한 권의 책으로 만들어 봤습니다.

2019년 3월

곽경립

차례

제 I 부

봄편

봄맞이 · 14
봄버들 · 15
작은 손짓 · 16
달빛 희미한 바다 · 17
봄이 오는 소리 · 18
춘심春心 · 19
비 그친 산 · 20
봄 향기 · 21
백합꽃 향기 · 22
눈 쌓인 봄 산 · 23
꽃의 추억 · 24
봄잠 · 25
봄이 깊어간다 · 26
원당에 봄이 오면 · 28
꽃이 필 때면 · 30
곶자왈의 봄 · 31

여름 편

비 개인 숲 · 34

매실 익어가는 밤 · 35

슬픈 밤바다 · 36

늦은 여름 하동의 섬진강을 바라보며 · 37

보목 바다 · 38

밤비 젖은 바다 · 40

칠월 칠석 · 42

원당에 달이 뜨면 · 43

장맛비 · 44

비구름 · 45

치자꽃 향기 · 46

별 맴도는 밤 · 47

백일홍 붉은 꽃 紫微花 · 48

지리산 기억 · 49

별도봉 · 50

어리목 계곡 · 51

차례

가을 편

어느 첫가을의 아침 · 54
가을비 · 55
가을 산 개울가 · 56
가을의 빗살나무 · 57
황혼의 서정 · 58
상想 · 59
옛 생각 · 60
초가을 저녁 달 · 61
초가을 하동의 섬진강을 생각하며 · 62
가을이 오면 · 64
낙엽 · 65
메밀꽃 하얀 밤 · 66
백양사 가는 길 · 67
10월의 어느 날 · 68
석양은 산마루에 머뭇거리고 · 69

겨울 편

원당의 언덕 송도松濤의 바다 · 72

동백꽃 풀잎에 물들고 · 74

양떼 노니는 바다 · 75

눈 속에 핀 매화 · 76

겨울 빛 내려와 · 77

눈꽃 · 78

겨울 산 · 79

우수 · 80

만년晩年의 꿈 · 81

꽃의 수심 · 82

눈 쌓인 아침 · 83

그림자 신세 · 84

근심 · 85

새벽 산길 · 86

눈 내리는 날 · 87

차례

제Ⅱ부

그리고…

음악을 들으며 · 90
파도 Ⅰ · 92
파도 Ⅱ · 93
불평 · 94
기다림의 시학 - 바람과 빛의 어울림 · 95
마음이 슬퍼지면 · 96
우리 사는 세상 · 97
세상에서 제일 힘든 일 · 98
삶과 꿈 · 99
산천은 말없이 흘러도 · 100
서두르지 마시게 · 101
슬픈 노래 · 102
산다는 일 · 103
돌 끝에 새긴 사연 - 전각篆刻 · 104
사진 앞에서 · 105
노래에 실려 오는 것들 · 106
그리움 · 108
사랑 · 109

이슬 · 110

회상 · 111

그리워하는 마음 · 112

인생 · 113

만가挽歌 - 누군가의 죽음을 애도하며 · 114

후회 · 115

항구의 이별 · 116

새벽 달 · 118

재회 · 119

낯선 세상 · 120

슬픈 시름 · 121

황혼 · 122

마음 · 123

저녁노을 · 124

잊는다는 것 · 125

고뇌 · 126

애수哀愁 · 127

인연의 흔적 - 구하 선배를 추모하며 · 128

삶 · 129

그곳에 살자 · 130

별 반짝이는 밤 · 132

세월 · 133

제 I 부

봄 편

봄맞이

봄버들

작은 손짓

달빛 희미한 바다

봄이 오는 소리

춘심(春心)

비 그친 산

봄 향기

백합꽃 향기

눈 쌓인 봄 산

꽃의 추억

봄잠

봄이 깊어간다

원당에 봄이 오면

꽃이 필 때면

곶자왈의 봄

봄맞이

1.
봄볕이 발가벗고 슬며시 다가서니

설익은 꽃봉오리 놀래어 울먹이고

아지랑이 저만치 꽃이 머뭇거린다.

2.
꽃은 아직 봄이 온 줄 알지 못하고

봄볕이 달아올라 가지마다 숨어들어

아지랑이 사이로 파란 싹 돋아난다.

봄버들

수줍은 버들가지 파란 싹 입에 물고

마디마다 고불고불 배배 꼬인 저 모습

봄 처녀 설렘을 어찌 저리 닮았는지

봄 온 줄 아는지 어쩔 줄 몰라 하네.

작은 손짓

그대 올 것 같아서

창문 열고 밖을 보다

마른가지 사이로

파란 새싹 보았네

아! 보드라운 미소

햇살이 그려 놓은 그대 작은 손짓.

달빛 희미한 바다

별 성긴 하늘 달무리 엷은 밤

물밑에 비친 야색夜色 풀잎 물들어

갈맷빛 숲 그늘이 물에 잠겼네.

봄이 오는 소리

새가 울면 산에는 꽃이 피나요

매화꽃 가지마다 휘파람새

물 먹은 꽃망울 내려앉은 봄 향기.

춘심春心

서리 내린 산비탈

동백꽃 붉더니

눈 녹은 못물에

봄 그림자 흩어진다.

비 그친 산

촉촉이 젖은 산

파란 이끼 물들어

푸른 물 뚝뚝 떨어지는 듯

구름이 산 빛에 스며들었네.

봄 향기

옅은 구름 쪼개진 틈새

봄 햇살 야위어도

매화꽃 푸른 향기

가지 끝에 그윽하다.

백합꽃 향기

푸른 달빛 희미한 솔잎 사이로

물밑에 흩어지는 하얀 그림자

여린 안개 은빛으로 물들여놓고

꽃향기 하늘 건너 어둠을 흐른다.

눈 쌓인 봄 산

꽃구름 보슬비 슬며시 풀어놓고

산 너머 들녘으로 흘러가는데

눈 덮인 산자락 은빛 저녁노을

풀빛 머문 하늘 구름 꽃이 핀다.

꽃의 추억

봄 오는 들녘 서성이는 바람

노을 속 꽃향기 흩어져버리고

푸른빛 자국엔 그리움만 남았네.

봄잠

볕바른 창가에 나른한 햇살

한낮 졸음이 슬며시 찾아와

들었다 깼다 봄잠 취하는데

뜨락의 향기 꿈속으로 스민다.

봄이 깊어간다

1.
나른한 햇살은 푸른 잎에 스며들고

산그늘 짙어지니 산색이 그윽하다

아지랑이 가물가물 나무숲 깊더니

연분홍 복사꽃 봄바람에 피어난다.

2.
엷은 구름 한가로이 하늘가 맴돌고

봄 햇살 차곡차곡 풀잎마다 쌓인다.

비 내릴 적마다 꽃봉오리 여물더니

봄바람이 꽃잎을 요란하게 깨운다.

원당에 봄이 오면

1.
밀 보리 익어가는 들길을 따라

파도가 실어 오는 파란 봄 향기

꽃잎 붙은 바람 햇살 나부끼고

일렁이는 잔물결 안개 피어난다.

3.
바람이 무심하여 물결 한가한데

들고나는 물길 갈매기 분주하고

사봉에 뜬 달이 물밑을 비추면

솔잎 비낀 어화漁火 그림자 짙어진다.

*원당: 제주시 삼양동에 위치한 오름. 일곱 개의 봉우리가 하나로 이루어져 있다.
*사봉: 제주시 건입동에 있는 낙조로 유명한 오름. 동쪽으로 원당을 마주하고 있다.

꽃이 필 때면

벚꽃이 필 무렵 연분홍 햇살

꽃봉오리 발갛게 달아오른다.

곶자왈의 봄

동백꽃 듬성듬성 흩어진 돌무더기

곶자왈 돌 트멍에 움츠러든 작은 새

아침햇살 따라온 봄바람이 반가워

봄 왔네, 봄이 왔어 휘파람부는 소리

*곶자왈: 한라산 중 산간 지대에 광활하게 펼쳐진 산림지대로, 돌과 나무가 함께 어우러져 다양한 동식물이 자생하는 전세계 유일한 제주의 숲지대.
*트멍: '틈'의 제주방언으로, 구멍 같은 틈이라는 의미가 담겨있다.

제 I 부

여름 편

비 개인 숲

매실 익어가는 밤

슬픈 밤바다

늦은 여름 하동의 섬진강을 바라보며

보목 바다

밤비 젖는 바다

칠월 칠석

원당에 달이 뜨면

장맛비

비구름

치자꽃 향기

별 맴도는 밤

백일홍 붉은 꽃 紫微花

지리산 기억

별도봉

어리목 계곡

비 개인 숲

비 그친 하늘이 너무 푸르러

풀 우쭐 우거진 숲으로 든다.

숲 깊이 들수록 새소리 맑고

산색이 하늘빛에 아우러진다.

매실 익어가는 밤

1.

구름은 나직이 어둠 닿아있고

이슬 젖은 달이 서성이는 밤

노란 매실 향기 홀로 깨어있네.

2.

푸른 솔 비껴 앉은 볕 성긴 뜰

서리 속 눈처럼 꽃 맑게 피더니

하얀 꽃향기 노랗게 익어간다.

슬픈 밤바다

어부는 물결에 등불을 걸어놓고

불빛은 파도를 희롱하고 있다

물빛에 갈마드는 황홀한 유혹

흔들리는 실 끝 어둠의 그림자

뱃전에 파닥이는 별빛을 보며

사람들은 밤바다를 아름답다 하네.

늦은 여름 하동의 섬진강을 바라보며

강 물결 굽이돌아 바다로 흘러가고

겹겹이 이어진 산 하늘 끝 닿아있다

물 새떼 잠들면 갈대숲 고요하고

돌담 밑 물소리가 이른 잠을 깨운다

솔잎에 기운 달 새벽어둠 스며들어

해 오른 강변에 푸른 안개 향기롭다.

보목 바다

1.
외로운 섬 품어 안은 벌목 바다라

바람결에 들려오는 노 젖는 소리

사공은 오늘밤도 물길 따라 가고

갯가에 달그림자 푸른빛에 젓는다.

2.
밤배가 곶 자락에 닿을 듯 스치면

놋대에 이는 바람 섬 그늘에 머물고

밝은 달 내려와 외로운 섬 끌어안은

서귀포 칠 십리가 잔물결에 젖는다.

3.
뱃전에 부딪치는 달빛 맑은 밤바다

밀려오는 파도소리 옷자락을 스치고

물안개 그늘 아래 다가서는 섬 그림자

거친 파도 울음소리 바닷길에 젖는다.

*보목: 제주도 서귀포시에 속한 풍광 좋은 어촌 마을.

밤비 젖은 바다

1.
밤비는 안개에 묻혀있고

멀리서 들려오는 파도소리

밤길 떠도는 외로운 마음

내리는 빗소리 물결 적시네.

2.
파도에 무슨 정이 있으랴마는

비오는 밤 쓸쓸한 물결소리

빗물에 젖어드는 울적한 마음

그리움이 어둠을 헤매고 있네.

칠월 칠석

요즈음 사람들도

7월의 일곱 번째 밤이 오면

별을 보며 이별의 슬픔을 생각하는지

보고 싶은 사람이 있든 없든 간에.

원당에 달이 뜨면

어둠을 쓸어안고 산 위에 달뜨면

몽롱한 달빛아래 아른대는 솔향기

푸른 달 어렴풋이 손끝에 닿을 듯

꿈처럼 다가서는 아련한 원당 오름.

*원당 오름: 제주시 삼양동에 위치한 오름.

장맛비

세월 따라 가는 봄 어쩔 수 없어

눈물로 석별의 정 다하려는 듯

흐느끼는 빗소리 멈추지 않네.

비구름

어스름 하늘

비 내릴 듯 말 듯

하늘은 아직도 수심에 젖어있네.

치자꽃 향기

푸른 솔 달을 물어 풀빛 머금고

달빛에 젖은 이슬 반짝이는 밤

옷자락 닿을 듯 다가서는 그림자

희미한 어둠 속 흩어지는 꽃향기.

별 맴도는 밤

달뜨는 밤이면

꽃향기 그윽한 뜰로 나와

오름을 오르는 달을 부르고

바람 부는 밤이면

푸른 솔 외로운 언덕에 올라

바닷가 밀려드는 파도를 본다.

그리운 별 맴도는 하늘 저 멀리

말하고 싶은 사연 살며시 포개어놓고…

백일홍 붉은 꽃 紫微花

목마른 대지에

비 내리지 않아도

8월의 열기가 꽃이 되어

불꽃처럼 붉게 피어난다.

지리산 기억

푸른 숲 그늘 아래 흐르는 맑은 물

물 따라 흘러가는 한가로운 구름

구름 넘어 산자락에 내려앉은 석양

하늘 멀리 서산에 물드는 저녁노을.

별도봉

흰 구름 산등성이 흘러내리는

석양이 멈추어선 벼랑 끝으로

바람 따라 흘러드는 파도소리

파란빛 젖은 하늘 솔잎 물든다.

*별도봉: 제주시 화북동에 있는 오름으로 서쪽에 낙조로 유명한 사라봉과 붙어있다. 북측 사면 바다 끝에 '자살 터'가 있는 벼랑 밑에는 고래굴이 있고 일출과 낙조를 동시에 볼 수 있는 곳이다.

어리목 계곡

깊은 산 골 사이를 굽이돌아

서둘러 흘러가는 맑은 시냇물

반짝이는 볕살 호습은 듯

흩어지는 물빛

자지러지는 소리.

*어리목 계곡: 한라산 등산로 중 등산객이 가장 많이 이용하는 코스로, 어리목 광장에서 10분정도 오르면 어리목 계곡이 나온다.
*호습다: 흔들거려 재미있다.

제 I 부

가을 편

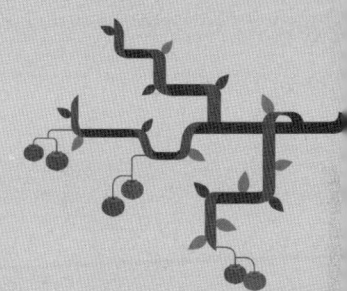

어느 첫가을의 아침

가을비

가을 산 개울가

가을의 빗살나무

황혼의 서정

상뻬

옛 생각

초가을 저녁 달

초가을 하동의 섬진강을 생각하며

가을이 오면

낙엽

메밀꽃 하얀 밤

백양사 가는 길

10월의 어느 날

석양은 산마루에 머뭇거리고

어느 첫가을의 아침

어둠이 말아놓은 태양을

펼쳐 놓으려 하나보다

하늘이 불그스름한 것이

아직도 잠이 덜 깬 바다는

희미한 안개에 덮여 있고

가을은 이불 속

새벽잠에 취한 게으른 아가씨

배는 아무 일 없는 듯 바다로 향한다.

가을비

소리 없는 흐느낌 처마 끝에 매달려

가을 해 짧음을 슬퍼하고 있다.

가을 산 개울가

새소리 가지 끝에 걸어놓고

개여울 굽이굽이 절로 흐르고

나뭇잎 슬그머니 홀리는 바람

푸른 잎 하늘하늘 부끄러운지

단풍 붉게 물든 산속 개울가

가을볕이 슬며시 내려앉았네.

가을의 빗살나무

성긴 안개 포개놓은 가지마다

페진 속살 드러낸 작은 별 하나

황혼의 서정

1.
노을은 나직하니 들녘을 넘어가고

세월이 살갗에다 잔주름을 그려도

사는 일 무언지 아직도 알 수 없다.

2.
석양이 내려앉아 어스름 밀려오고

풀 시든 자리에는 바람이 차가운데

술잔에 떨어지는 술 소리가 맑구나.

상想

지난여름 내리던 그 비

다시

가을을 적신다.

옛 생각

먼 산에 달이 뜨면 옛사람 그리운데

물빛 품은 구름이 흐린 달을 감춘다.

초가을 저녁 달

물색 깊어져 솔잎 푸르고

단풍잎 고우나 산 적적하다.

초저녁 달 보러 들녘에 나가

새벽별 지는 줄 알지 못했네.

초가을 하동의 섬진강을 생각하며

서문序文: 오래전에 옛 친구인 백사장이 하동에서 수행을 하기위해 토굴을 하나 마련했다기에, 2년에 걸쳐 여름과 가을에 함께 하동을 방문하여 토굴에서 며칠 지낸 적이 있었다. 당시 토굴에서 바라본 섬진강 풍경이 너무 좋아 글 몇 자 남겨 추억하려 했으나, 필재가 빈약하여 지금까지 못쓰고 생각만 하다가 오늘 불연 듯 그 때를 생각하며 시 한편을 써본다.

산 높아 보이더니 산등성이 좁아지고

강줄기 멀리 보니 강폭이 넓어진다

석양은 산마루에 머뭇거리고

물위에 뜬 그림자 구름 한가로운데

저녁노을 홀연히 어둠 속에 사라지고

강기슭엔 달빛이 산을 베고 누웠더라.

가을이 오면

봄이 떠나가던 날

여름이 봄을 잊게 하더니

가을이 찾아와

떠난 봄이 그립다.

낙엽

사라져버린 날을 사모하는

온기 없는 마음에

부서지는 메마른 상념.

메밀꽃 하얀 밤

메밀꽃 흐드러져 눈이 내리는 듯

달빛이 서늘한 가을 들녘에

바람 불어 꽃 그림자 나풀거린다.

백양사 가는 길

붉은 잎 드문드문 쪽빛 시냇가

산골 물 개울 건너 다리를 지나

솔 그림자 어지러이 흩어져 있고

단풍 곱게 물든 갈래 길 따라

나무숲 낮은 언덕 감추어 있는

백양사 바위 끝에 기대어 있네.

10월의 어느 날

햇살 늘어진 석양이 질 무렵

서쪽 하늘 향해 눈길 멈추니

가지마다 단풍잎 흩트려놓은

바람이 노을빛에 둥지를 튼다.

석양은 산마루에 머뭇거리고

산마다 지는 해가 사뭇 서러워

가는 길 쉬어가듯 머무는 저녁

서산마루 지는 해 어디로 갈까

갈래갈래 산 고개 넘어가는 길

간다고 가노라고 말은 하지만

고개 마루 마다 걸린 저 노을.

제 I 부

겨울 편

> 원당의 언덕 송도松濤의 바다
> 동백꽃 풀잎에 물들고
> 양떼 노니는 바다
> 눈 속에 핀 매화
> 겨울 빛 내려와
> 눈꽃
> 겨울 산
> 우수
> 만년晩年의 꿈
> 꽃의 수심
> 눈 쌓인 아침
> 그림자 신세
> 근심
> 새벽 산길
> 눈 내리는 날

원당의 언덕 송도松濤의 바다

바람이 부는 언덕
송도의 바다
파-란 하늘빛 노을이 진다

하얀 꽃송이 바람을 싣고
파도를 등지고 노을이 진다

지난 날 바람 부는 언덕에 서서
초조한 마음으로 무사하기를
손 모아 기도하던 서러운 뱃길

그 시절 바다에도 바람이 불면
뱃길이 저리도 아름다울까

늦은 햇살에 바다 냄새

노을이 머무는 원당의 언덕
송도의 바다에 바람이 분다.

*제주시 삼양동에 위치한 오름. 일곱 봉우리가 하나로 이루어져 있으며 주봉主峯인 망 오름은 소나무로 우거져 있으며 바다와 접해 있다.

동백꽃 풀잎에 물들고

눈 내려 바람이 숨어든 자리

돌담에 떨어지는 붉은 동백꽃

긴긴 겨울 날 봄 깨우는 소리

하얀 눈 파란 잎 붉게 물든다.

양떼 노니는 바다

파~란 바람이 불어오는 바다

양떼 노니는 듯 밀려오는 파도

아련히 들려오는 목동의 노래

노을 진 언덕너머 물결소리 들린다.

눈 속에 핀 매화

서리 맞은 가지마다 향기 스며들어

푸른 솔 사이로 언뜻 스친 그림자

눈 속에 핀 꽃이 얼음보다 창백하다.

겨울 빛 내려와

겨울이 머뭇머뭇 산등성을 내려와

솔잎은 푸르고 잡목 숲 시원하다.

눈송이 나풀나풀 빈산을 떠돌더니

매화꽃 가지마다 꽃봉오리 영근다.

눈꽃

바람의 흔적은 파도를 맴돌고

구름 흩어져 정처 없이 흐르는데

허공에 날리는 배꽃 같은 하얀 눈

떨어져 내려도 꽃 그림자 없어라.

겨울 산

갈대꽃 가을 품고 떠난 자리

4월의 꽃잎처럼 날리는 눈꽃

겨울 산 멋스러움 눈 속에 있네.

우수

겨울은 깊어가고 봄은 멀리 있는데

달을 보면 가을 생각 물빛에 어린다.

만년晩年의 꿈

마음은 꿈속을 헤매는데

노을이 잠결로 스며든다.

한가로운 봄날 저녁 길

문 밖에 날리는 눈송이처럼…,

꽃의 수심

애타는 그리움이 머물다 가는 슬픔

꽃들은 서러움을 아는지 모르는지

겨울비 내리는데 봄비인 줄 알고서

꽃봉오리 터질 듯 부풀어 올랐네.

눈 쌓인 아침

푸른 솔가지에 나비 날다 걸린 듯

눈송이 날리더니 꽃이 되어 피었네.

그림자 신세

서리 내린 숲이라 달빛 처량하고

불어오는 바람 옷깃에 싸늘하다.

흐린달 소리 없이 댓잎에 기울어

그림자 부질없이 바람벽을 흔든다.

근심

푸른 솔 사이로 눈송이 날리는데

소래기 바람타고 오름을 맴돈다.

숲 깊지 않아서 숨을 곳 없는 새

오로지 날개 접고 눈 속에 떨고 있네.

*소래기: 솔개의 제주방언

새벽 산길

어스름 산길 바람 불어 거칠더니

솔잎에 부대끼는 눈송이 어지럽다.

눈 내리는 날

술잔에 향기로운 술 가득 채우고

노을 지는 창가에 한가로이 앉아

4월의 벚꽃처럼 날리는 눈송이를

바라만 보아도 좋을 것 같은 하루

제 II 부

그리고….

음악을 들으며

파도 I

파도 II

불평

기다림의 시학 - 비탈과 빛의 어울림

마음이 슬퍼지면

우리 사는 세상

세상에서 제일 힘든 일

삶과 꿈

산천은 말없이 흘러도

서두르지 마시게

슬픈 노래

산다는 일

돌 끝에 새긴 사연 - 전각篆刻

사진 앞에서

노래에 실려 오는 것들

그리움

사랑

이슬

회상

그리워하는 마음

인생

만가輓歌 - 누군가의 죽음을 애도하며

후회

항구의 이별

새벽 달

재회

낯선 세상

슬픈 시름

황혼

마음

저녁노을

잊는다는 것

고뇌

애수哀愁

인연의 흔적 - 구하선배를 추모하며

삶

그곳에 살자

별 반짝이는 밤

세월

음악을 들으며

우울한 날에는
모든 것이 우울하다

비마저 내리면 더욱 그렇다.

한 잔 술에 인생을 탓하고
탁한 어둠에서 술을 마신다.

술잔 속으로 빗물이 쏟아진다.

삶이 마치 그러하듯
소란한 인생 이야기가 그럴듯한데

그냥 맑은 공기가 그립다.

비 오는 밤이면
별이 술잔 밑으로 숨는다.

별을 마시고 인생을 말하고
검은 밤을 쓸어 모아 씻고 또 씻어도

땟자국이 절은 인생 이야기는
우울하다.

삶의 고독을 넘어선
어느 철학자의 고백이 그러하듯

그저 그런 인생을
그냥 술 취한 세상이 그리울 때가 있다.

파도 Ⅰ

무슨 서러움이 남아있기에

바람에게 한(恨)을 풀어놓고

속절없이 스러지는 저 흰빛 포말

해안에 마른 가슴 끌어안고

검은 빛 바다에 몸을 눕힌다.

파도 Ⅱ

게거품을 물고 미친 듯 달려와

부딪쳐 깨어지는 저 몸짓

그 슬픔 얼마나 서러웠길래

스스로 제 몸을 바위에 던져

부서져 허공으로 흩날리는가.

불평

위로 받고 싶은 자의 넋두리는

모두 남의 탓이었다.

기다림의 시학 - 바람과 빛의 어울림

바람과 노을이 어우러진 들녘

오름 너머 피어나는 구름 한 조각

순간의 풍경이 시가 되어 흐른다.

마음이 슬퍼지면

인생이 뜻대로 되는 날 언제인가

달 밝은 밤이면 달에게 물어보고

비 오는 날에는 빗속을 걸어본다.

우리 사는 세상

여보게,

나는 날마다 지옥을 훔쳐보지만

사람 사는 세상과 너무도 닮아

가끔은 혼동을 하게 된다네.

세상에서 제일 힘든 일

살기가 힘들다고

죽을 수도 없는 일.

삶과 꿈

창밖에 스치는 모습을 보며

눈길이 저절로 따라가지만

어느 것 하나인들 잡을 수 없네.

산천은 말없이 흘러도

때로는 산이 처량하고

가끔은 물이 애처롭다.

마음에 기쁨과 슬픔이 없다면

산천이 어찌 말없이 흘러가리.

서두르지 마시게

인생길 허둥대며 가려하지 마시게

어차피 가야하는 먼 길 가는 길

가다가다 산천에 좋은 벗 만나거든

주거니 받거니 술 한 잔 마셔가며

세상일 잠시 나마 잊어가며 사시게.

슬픈 노래

하루를 잊고 살다가

문뜩 떠오르는 모습

이별은 슬픔이 아니라

그리움인 것을….

산다는 일

산다는 것은 바쁜 일이지만

하는 일은 하나도 없다.

돌 끝에 새긴 사연 - 전각篆刻

가슴에 박혀있는 돌 한 조각

아픔을 긁어내듯 파내어

말할 수 없는 사연 새겨본들

풀잎에 엮어놓은 이슬 같은 마음.

사진 앞에서

시간이 멈추어선 그 자리에는

언제나 내가 서 있었다.

노래에 실려 오는 것들

어느 날 기억 저 편에 머물러 있던
아련한 추억을 불러내는 노래가
곰팡내 물씬 풍기는
퀴퀴한 지하실 한편에서 흘러나왔을 때
이제는 옛날이 되어버린 날들이
이야기가 되어 살며시 다가왔다.

그 순간 과거는 가버린 것이 아니라
잠시 외출했다 돌아온 연인이 되어
잠든 나를 조용히 흔들어 깨웠다.

달력에는 일상이 그려져 있고
정해진 시간이란 언제나 빠듯하기에
나는 스쳐가는 세월을 따라 함께 떠났다.

하지만 문득 회상의 기쁨이 내 곁에 멈추었을 때
사라져버린 것들은
사모하는 처지가 되어 그곳에 서있음을 알게 되고

지나간 날들이 구름 사이로 간간이 풀어놓은
얼룩진 햇살처럼 모습을 드러내며
가버린 것에 대한 자유를 향유하는 슬픔을 준다.

그런 이유로 세월이 떠나간 자리에는
그리움이 맴을 돌고
일상에 묻혀서 지나가버리는 삶 속에서
불을 지르다 만 황폐한 땅을 남겨두고
떠나야 했던 많은 날 속에 묻어놓은
해묵은 사연들을 하염없이 되돌아보게 된다.

그리움

봄비

여름 햇살

가을의 바람

어쩌다

스쳐가는 그리움 하나 …….

사랑

어둠이 내리고
동산에 달이 뜨면

당신의 마음
달빛에 실어

살며시 내게로 보내주실래요.

이슬

슬픔이 목이 말라 마시다 남긴 눈물

그 아픔 그렁그렁 풀잎에 맺혀있네.

회상

무심히 지나쳐간 소중한 인연

아무런 생각 없이 보내버린 날

그것이 일상의 전부였구나.

그리워하는 마음

눈을 감는다고 감출 수가 있나요

달이 저토록 밝기만 한데….

인생

눈물 글썽이며

밤 새워 매달려도

그건 잠시 반짝이는

풀잎에 맺힌 이슬일 뿐

만가輓歌 - 누군가의 죽음을 애도하며

바람과 구름이 머무는 곳에

잠시 쉬어가는 소나기처럼

한 세상 그렇게 지내시다

오늘 다시 먼 길을 떠나시는 군요.

후회

흐르는 구름처럼

사라져버린 세월

그때는 왜 몰랐을까

언제나 남아있는 아쉬운 미련

항구의 이별

(서序: 집으로 가는 길에 잠시 사라사에 들렀다. 마침 항구에는 뭍으로 떠나는 배가 있었다. 그 모습을 보면서 5, 60년대의 산지포가 생각이 나서 한 수 적어본다.)

사라사紗羅寺에 앉아 산지포浦를 바라보니

눈가에 가물가물 떠오르는 옛 모습

임 보내놓고 누가 볼까 숨어 울던

여인의 맺힌 설음 파도에 들리는 듯

뱃길에 멀어지는 고동소리 서럽다.

*사라사: 영주십경의 하나로 낙조가 아름다워 사봉낙조紗峰落照 라 불리는 사라봉에 있는 절로 제주항 바로 위에 있다.

새벽 달

보름달 지고 나서 불과 사나흘

가는 길 머뭇머뭇 지새우는 달

산 너머 고갯길이 멀기만 하다.

재회

그대 모습이 낯선 것은

세월이 아니라 마음이겠지요,

지난 날 파란하늘 그 자리에는

붉게 물든 저녁노을 아름답네요.

낯선 세상

그렇게 긴 날을 살아 왔건만

아직도 낯이 설기만 한 삶

노을이 하늘 끝에 물들고 있네.

슬픈 시름

나눌 수 없는 마음

한잔 술로 달랠 수 있다면

얼마나 좋으련만

마실수록 시름은 깊어만 가네.

황혼

쌉쌀한 술 한 잔을 부어놓고

먼 산을 물끄러미 바라보니

바람은 단풍잎에 붙어있고

노을은 가지 끝에 기대어 있네.

마음

슬픔과 기쁨이 마음에 있다면

마음은 또 어디에 있나

슬퍼도 한 잔 기뻐도 한 잔

마음이 술 속에 숨어있나 보다.

저녁노을

꽃처럼 조용히 질 수 있다면

바람 부는 들판에 흩날리는

노을이 되어도 좋으련만….

잊는다는 것

잊혀질까 두려워하면서도

잊으려 애를 쓰는 안타까움

세월가면 저절로 잊어지는 것을,

고뇌

삶은 생활의 노예

우정은 허망한 그림자

자존심은 부러진 지팡이

도덕은 알코올 중독자

신앙은 해진 양말

지식은 먹다 남긴 쉰 밥 덩어리

인생은 손익 따라 매겨지는 계산서인가.

애수哀愁

마음이 늙었나 했더니

몸이 이미 늙어있고

가는 계절 섧다더니

지난 세월 그리움이 더 애처롭다.

인연의 흔적 - 구하 선배를 추모하며

봄날 뜬금없이 내리는 눈처럼

불현듯 찾아와 사라져간 인연

기억 속 모습만 남아있을 뿐

아무런 흔적도 남겨놓지 않았다.

삶

청자靑瓷를 두드리니 막사발이 아파하고

부처는 깨破라는데 물레는 멈춰있다.

도공陶工은 남은 불씨를 거두어들인다.

그곳에 살자

1.
아이야, 봄이 오면 산으로 가자

숲에서 불어오는 바람 맞으며

새 울고 꽃이 피는 산으로 가서

이제 그만 그곳에 살자.

2.
아이야, 가을 오면 섬으로 가자

바닷가 밀려오는 파도소리 들으며

굴 향기 무르익는 섬으로 가서

이제 그만 그곳에 살자.

별 반짝이는 밤

달빛 흔들리는 잔다란 물결

까르르 조약돌 구르는 소리

별들이 놀래어 반짝거린다.

세월

불현듯 찾아왔다

간다는 말도 없이

노을 따라 가시는 군요.